Table des matières

Sous la direction d'A.J. Le Clercq.
Dépot légal : D/2014/9685/53

Joue avec l'alphabet

1 **Écris dans le carré la lettre de l'alphabet qui n'a jamais été utilisée pour écrire ces noms d'animaux.**

~~C~~ ~~H~~ ~~E~~ ~~V~~ ~~A~~ ~~L~~ — GIRAFE — KOALA — LAMA — SINGE — TIGRE — ZÈBRE — LYNX — PANDA — COQ — JAGUAR

~~a~~ b ~~c~~ d ~~e~~ f g ~~h~~ i j k ~~l~~ m n o p q r s t u ~~v~~ w x y z

2 **Écris chaque mot dans les cases qui conviennent.**

tomate •
arbre •
tirelire •
pomme •
limonade •

t o m a t e

Les syllabes

1 **Combien de fois ouvres-tu la bouche ? Colorie.**

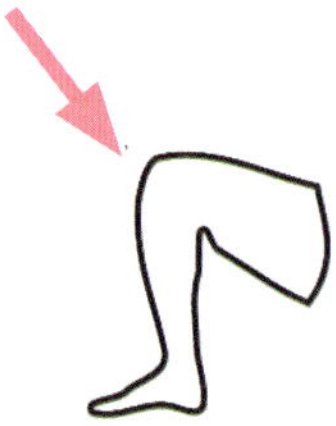

2 **Coupe les mots suivants en syllabes. Attention aux consonnes doubles !**

ex : a|na|nas bil|le

crocodile	lettre	vache
frère	tartine	automobile
gomme	pot	salle
casserole	nénufar	limonade

Les voyelles

1 **Ajoute les voyelles qui conviennent.**

ch . t 	s . leil 	l . t 	l . pin 
p . p . 	c . lc . l 2+2=4	p . rt . 	j . p . 
b . n . n . 	s . l . d . 	f . n . tr . 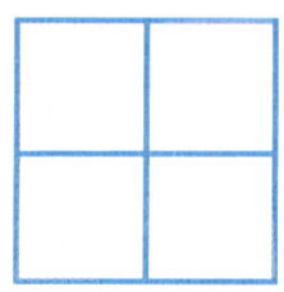	n . v . re 
b . rr . . r . 	l . m . n . d . 	ch . m . n . . 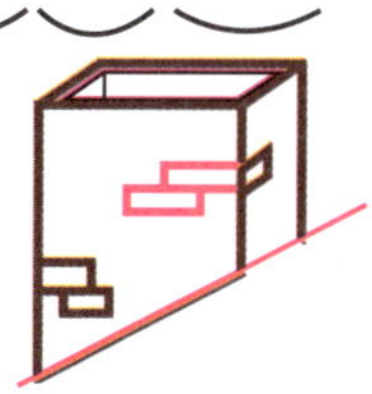	r . v . . r . 
cr . c . d . l . 	env . l . pp . 	c . lc . l . tr . c . 	h . l . c . pt . r . 

Lettres manquantes

1 **Cherche la lettre cachée et recopie le mot deux fois.**

samed_	une _upe
l'éc_le	la sa_ade
une bêt_	un _oldat
la pi_te	un na_ire
la cafe_ière	un _ilo
ma mèr_	un che_al
une rob_	une plu_e
le léza_d	un re_ard

....

....

....

....

....

....

....

....

2 **Fais-toi dicter les mots par un adulte.**
Recopie le ou les mots fautifs trois fois.

Les lettres de l'éléphant

1 **À partir des lettres écrites sur l'éléphant, forme au moins trois mots et écris-les sur les lignes.**

Ex : rue, ...

....

....

Les accents sur le (e)

é = un vélo

è = une chèvre

ê = la tête

1 **Trouve sur le dessin deux mots qui s'écrivent avec (é), deux mots avec (è) et deux mots avec (ê).**

é ➜ ....

è ➜ ....

ê ➜ ....

2 **Lis les phrases à haute voix et ajoute les accents (é, è, ou ê) sur les lettres en gras. Prépare les phrases en les recopiant. Fais-les toi dicter par un adulte.**

Son fr**e**re se prom**e**ne pr**e**s du mus**e**e.

Ma m**e**re a bu du caf**e** et du th**e**.

La f**e**e et la sir**e**ne sont dans la for**e**t.

Il s'est amus**e** à la f**e**te de l'**e**cole.

Val**e**rie a vu un drôle de li**e**vre en r**e**ve.

le - la - l'

la plume
le bras

MAIS

l~~a~~ île ➜ l' île
l~~e~~ homme ➜ l'homme

le - la ➜ " l' " devant une voyelle ou un h muet.

1 Complète par le - la - l'.

.... vélo	.... tortue	.... élève
.... huile	.... hibou	.... écharpe
.... épée	.... animal	.... minute
.... mère	.... fusée	.... os
.... horoscope	.... armure	.... renard

Recopie 10 mots au choix sur une feuille et demande à un adulte de les dicter.

2 Corrige les erreurs s'il y en a. Regarde l'exemple.

...l'....... ~~le~~ âne	.... la école
.... l'usine	.... le or
.... la vache	.... la frère
.... l'livre	.... la horloge
.... la écharpe	.... le vase

br, cr, dr, tr, fr

1 Ajoute les lettres manquantes.

 une vi . . ine	 ma . . avate	 un a . . icot	 une . . enouille
 un li . . e	 un . . ix	 un . . agon	 le . . as
 un ca . . e	 une let . . e	 une chè . . e	 une . . aise

2 Par quoi commence le mot ? Entoure la bonne réponse.

a) 

tor - tro

b) 

cro - cor

c) 

pru - pur

d) 

dar - dra

e) 

gra - gar

bl, cl, gl, fl, pl

1 Ajoute les lettres manquantes.

 un . . umier	 une . . é	 un san . . ier	 la . . amme
 une . . eur	 un carta . . e	 un para . . uie	 la . . ace
 du sa . . e	 une . . oche	 un . . ou	 une . . èche

2 Entoure la double consonne qui convient pour les mots suivants. Recopie ensuite le mot et ajoute le ou la.

ex : fl / gl / bl   **gl**ace   la glace

a) cl / pl / gl   . . asse   ....

b) pl / cl / bl   . . ume   ....

c) fl / gl / cl   rè . . e   ....

d) pl / cl / bl   sa . . e   ....

e) pl / bl / fl   ta . . e   ....

m ou n

1 **Entoure le dessin en rouge quand tu entends M et en bleu quand tu entends N.**

		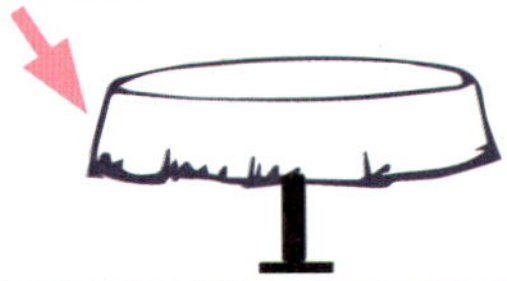	
			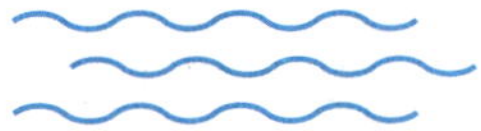

2 **Complète les mots avec M ou N.**

une cor . e	une mo . ie	une pom . e
un . id	une lar . e	la mar . ite
ma . ère	un . ur	il mur . ure
la fari . e	un â . e	un ani . al
le . avire	le la . a	le me . u

3 **Complète avec la syllabe qui convient puis recopie le mot.**

a) **mu** ou **nu** ➜ le . . méro ....

b) **me** ou **ne** ➜ la plu . . ..

c) **ma** ou **na** ➜ un ana . . as ....

d) **mo** ou **no** ➜ une . . to ....

f ou v

1 Choisis la lettre qui correspond au dessin.

F | V

F | V

F | V

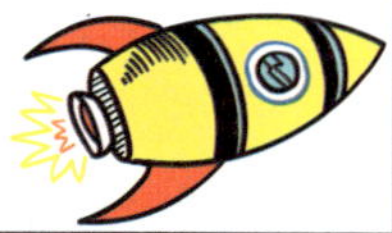

F | V

F | V

F | V

F | V

F | V

2 Fais-toi dicter les mots, ou complète les seul, par F ou V.

une ri . ière	la . alise	la . umée
de la . arine	un rê . e	le li . re
le na . ire	le . ossé	la re . ue

3 Forme des mots avec ces syllabes et place-les au bon endroit.

for •	• ve
li •	• te
fo •	• me
fê •	• vre
ri •	• rêt

la .... des mères.

une .... ovale.

la .... de la rivière.

se promener dans la ....

lire un ....

b ou p

1 **Entoure le nom sous le dessin si tu entends (b) et souligne-le si tu entends (p).**

un bateau

un papillon

le panier

un banc

un bébé

le lapin

une bouteille

un poisson

2 **Fais-toi dicter les mots, ou complète-les seul par b ou p.**

une . ile	un ro . ot	. ro . re
une . alle	une . omme	une vi . ère
une ro . e	un ar . re	une . re . is
la . arole	une é . ée	le re . os
un sa . ot	un lava . o	la . ar . e

3 **Trouve 5 mots qui :**

a) commençent par B.

....

....

....

....

....

b) commençent par P.

....

....

....

....

....

t ou d

1 Ajoute les syllabes manquantes.

la voi . . re

une tor . . e

une . . mate

un . . van

un . . . peau

un . . . fle

un ca . . .

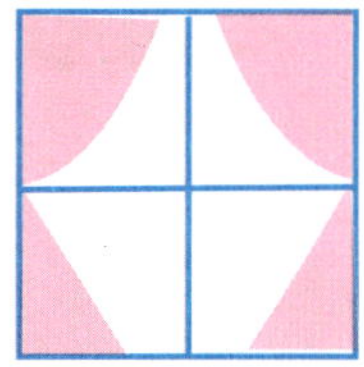
une fenê . . .

2 Complète les mots avec t ou d.

une flû . e	rapi . e	une tor . ue
une cor . e	la fê . e	un sol . at
une . irelire	le . os	une tar . e
de la sala . e	la mé . éo	un . omino
la . ulipe	une ra . io	une toma . e

3 Relie les lettres qui vont ensemble. Change de couleur pour chaque lettre différente. Recopie la lettre majuscule.

t .	d .	P .	➜	....
d .	p .	D .	➜	....
b .	t .	B .	➜	....
p .	b .	T .	➜	....

j ou ch

1 Écris les mots sous les dessins. Ajoute le, la , ou l'.

....

....

....

....

....

....

2 Complète les mots avec j ou ch.

un . . eval	il mi . ote	du . us
. oli	un . . at	un . . ariot
une . . emise	le py . ama	dé . à
du . . ocolat	il a . uste	la ma . . ine
la . etée	ma capu . . e	un . eton

3 Relie les syllabes de façon à reformer les mots. Recopie-les.

bu .	. vre	➜	chê .	. che	➜ ....
jus .	. te	➜	ju .	. ne	➜ ....
chè .	. che	➜	bi .	. ré	➜ ....

c, q et k

1 Recopie les mots dans les bonnes colonnes.

Une caméra, une barque, le képi, un disque, un kilomètre, un canard, un pique-nique, la carotte, un anorak, un klaxon, un lac, une crêpe, quatre, la qualité, un kilo.

C	Q	K

2 Complète les mots avec c, qu ou k.

une é . . ipe
un . ube
un . imono
une bri . . e
une . ulotte

un . oala
la lo . omotive
un mas . . e
un sa .
le s . i

un . oq
un . iwi
une fla . . e
le cir . . e
du mo . a

c ou g

1 Colorie la syllabe qui correspond au dessin.

CA	GE	GA

GA	SA	CA

CU	CO	GO

GA	GO	CO

COR	CAR	GAR

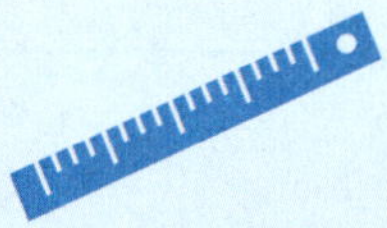

GLE	CLE	BLE

CRI	DRI	GRI

GAS	CAS	COS

2 Complète les mots avec c ou g.

une . orde	une rè . le	une . ruche
un . rayon	un fri . o	ma fi . ure
une . omme	une sa . oche	du su . re
une ri . ole	une vir . ule	la . amine
du . afé	une . loche	un cal . ul

3 Remets les syllabes dans l'ordre. Ajoute le ou la.

a. gu me lé ....

b. ble ta car ....

c. que co li cot ....

d. ra bi ne ca ....

Les sons g doux et g dur

Observe bien en suivant les flèches.

g → g

g → j

g < a → ga, o → go, u → gu

MAIS → g < e → je, i → ji

Alors pour g → g + u

gu < e → ge, i → gi

→ g dur

→ g doux

1 Lis les mots à voix haute puis écris-les dans la bonne colonne.

girafe - singe - grue - bougie - grippe - genou - garderie - gamine

Recopie deux fois ces mots, puis fais-les toi dicter par un adulte.

g doux	g dur

2 Complète les mots par g, ge, gu(e), gi, gui.

 la ....tare	 des lé.........umes	 un nua..........	 une ca...........
 du mu...........et	 un ....amin	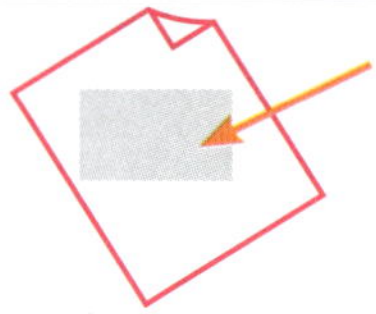 une ima..........	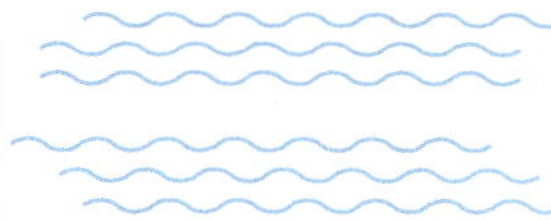 les va...........s
 l'ora.........	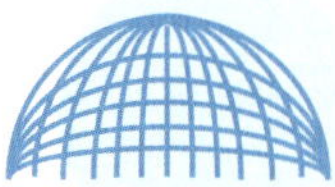 un i...........loo	 un ......ar.........	 le ....don
 un an............	 une ....êpe	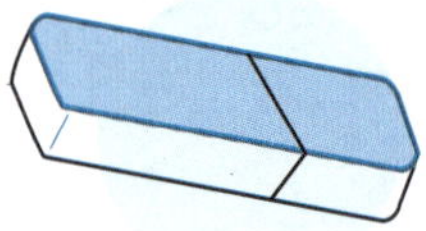 la ....omme	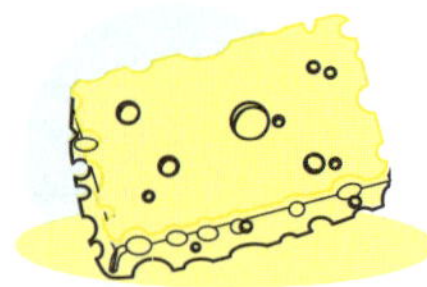 une épon..........

3 Qui suis-je ? Complète.

1. Je la porte à un doigt ➜ une b.......................
2. Je suis à la fois une couleur et un fruit ➜ une o................................
3. J'y attends le train ➜ la g................................
4. Elle décore le sapin ➜ la g..
5. C'est la femelle du singe ➜ la g....................................

Retiens !

On écrit toujours **gi** et presque toujours **ge**.
À la fin des mots on écrit toujours **ge**.

Les sons c doux et c dur

Observe bien en suivant les flèches.

c → c | c → s

c
- a → ca
- o → co
- u → cu

MAIS → c
- e → se
- i → si

Alors pour sa, so, su → ç

→ c dur | → c doux

1 **Colorie la case en rouge quand "c" se prononce "s" et en bleu quand "c" se prononce "k".**

- ☐ la place
- ☐ le lac
- ☐ la façade
- ☐ l'école
- ☐ une puce
- ☐ une cerise
- ☐ une casserole
- ☐ une caméra
- ☐ la police
- ☐ un citron
- ☐ une caravane
- ☐ une leçon
- ☐ un crabe
- ☐ la cire
- ☐ le cube
- ☐ féroce
- ☐ un coq
- ☐ une farce
- ☐ le cinéma
- ☐ une grimace
- ☐ Caroline

2 **Lis en séparant les mots d'une barre, puis écris-les dans la bonne colonne.**

épicerie/glacecopiecinémacartecirqueécolepince

c = k	c = s
....	....
....	....
....	....
....	....
	....

3 **Fais-toi dicter les mots ou complète les seul par C ou Ç.**

une . orde	un gar . on	la balan . oire
un gla . on	un sa .	un . ostume
la lima . e	il a re . u	le . al . ul
le ma . on	du cho . olat	de la . rème
un . arré	une fa . ade	un lima . on

4 **Complète les mots.**

ce ou que?	ci ou qui?
une bara . .	un li . . de
une pu . .	un . . tron
du dentifri . .	un es . . mau
le cir . .	fa . . le
une lima . .	de la . . re

5 **Recopie les mots deux fois et fais-les toi dicter par un adulte.**

f ou ph

1 Fais-toi dicter les mots ou complète-les seul par f ou ph.

un télé.........one
une ....èche
l'al..........abet
une ....lûte
l'orthogra........e
un ....are

le ....ilm
une ....armacie
la ....ormule
un saxo...........one
un ....énomène
une ....rase

une ra.........ale
du ca............é
un dau.........in
un si..........on
le ....ossé
un ......otogra........e

2 Avec les lettres proposées, peux-tu écrire les mots illustrés par les dessins ? Colorie la bonne réponse et écris le mot si c'est possible.

g u f e i r e
....
oui non

q p o l u e
....
oui non

e é p o h t l é n
....
oui non

f a n é u n r
....
oui non

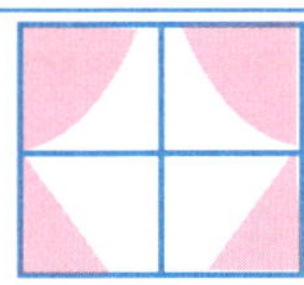
e t f ê n r e
....
oui non

t é a n p l é h
....
oui non

Le son [s]

1 **Regarde bien les dessins. Entoure-les chaque fois que tu entends le son (z).**

fraise

triste

vase

dinosaure

biscuits

maison

raisin

masque

2 **Lis les mots du cadre et recopie-les dans la bonne colonne.**

sardine - radis - blouse - bois - soldat - sucre - arbres - sel - rosée - souris - poésie - case - rasoir - brebis - costume.

Je vois s, j'entends s	Je vois s, j'entends z	Je vois s, je n'entends rien
....	....	....
....	....	....
....	....	....
....	....	....
....	....	....
....		

Recopie les mots deux fois pour préparer une dictée de mots.

Entre 2 voyelles (a,o,u,i,e,y) le S se prononce Z et SS se prononce S.

Ex : du poison **MAIS** un poisson.

3 Fais-toi dicter les mots ou complète-les seul par S ou SS.

mon voi.....in	l'u......ine	une gli...ade
la mu.....ique	la cla......e	un profe....eur
la cha......e	du mimo......a	l'égli.....e
une cho......e	un de......in	du ti.......u
une bo.....e	la vali.......e	une chemi.....e

4 Relie les mots à SE ou SSE.

ta •
cha •
pare •
bi •

• se
• sse

remi •
médu •
bo •
mou •

• se
• sse

5 ATTENTION ! Complète par S ou Z.

un ....èbre	ma fu....ée	une ga....elle
la cui....ine	sei....e	une chai....e
....orro	un lé....ard	une vi....ite
un oi....eau	une pri....on	dou....e
le ga....on	le ba....ar	la pelou....e

Choisis 10 mots. Prépare-les pour une dictée. Demande de l'aide à un adulte.

ou - oi - in - on - eu

1 **Colorie la ou les syllabe(s) qui correspond(ent) au dessin.**

1.
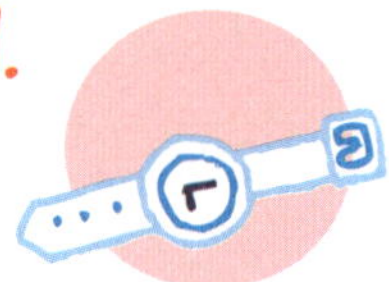
on | ou | oi | in

2.

on | ou | oi | in

3.
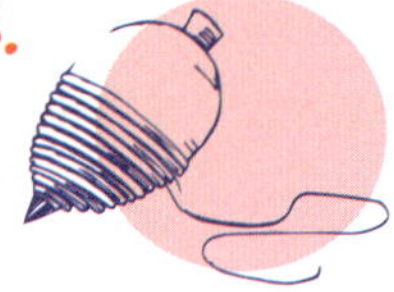
on | ou | oi | in

4.

on | ou | oi | in

5.

on | ou | oi | in

6.

on | ou | oi | in

7.

on | ou | oi | in

8.

on | ou | oi | in

9.

on | ou | oi | in

10.

on | ou | oi | in

11.

on | ou | oi | in

12.
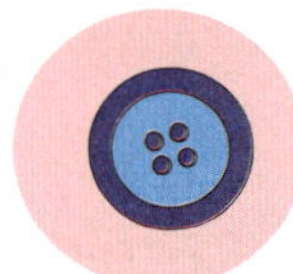
on | ou | oi | in

13.

on | ou | oi | in

14.

on | ou | oi | in

15.

on | ou | oi | in

16.

on | ou | oi | in

17.

on | ou | oi | in

18.

on | ou | oi | in

19.

on | ou | oi | in

20.

on | ou | oi | in

2 Trouve le même son à chaque série de trois mots.

ou	in	eu	an
	oi	on	

a) pl . . te
dim . . che
t . . te

b) b . . le
r . . te
s . . pe

c) m . . de
rép . . se
c . . fiture

d) v . . le
dev . . r
p . . vre

e) chem . .
d . . de
mar . .

f) pn . .
j . . di
h . . re

Recopie les mots trois fois. Fais-les toi dicter par un adulte. Corrige le ou les mot(s) fautif(s) en les recopiant deux fois.

an - en

1 **Recopie les mots dans la bonne colonne. Fais-les toi dicter par un adulte.**

enfin, un fantôme, un toboggan, une pendule, une orange,
un serpent, dans, de l'essence, mon banc, mes parents

an	en
....	....
....	....
....	....
....	....
....	....

2 **Écris le mot qui correspond au dessin. Ajoute le, la ou l'.**

 ....

 ....

 ....

 ....

....

 ....

3 **Complète les phrases avec des mots contenant AN ou EN.**

a) Je l'ouvre pour lire une lettre ➜ ....

b) On en met dans le réservoir de la voiture ➜ ....

c) C'est la femelle du cheval ➜ ....

d) Il soigne les dents ➜ ....

e) Il pousse les nuages ➜ ....

n → m < b / p

1 Complète les mots. Aide-toi d'un adulte.

un t......bre

un cal....drier

un d.....don

une t......pête

une l......pe

une m......tre

une tr......pe

une d.......seuse

Découvre la règle:

n ➜ .... devant .... et ....

2 Complète les mots par M ou N. Prépare 15 mots en les recopiant deux fois. Fais-les toi dicter par un adulte.

le de . tiste	il gri . pe	une ja . be
une a . poule	un ta . bour	i . possible
une répo . se	la po . pe	la te . pérature
dima . che	un tre . plin	nove . bre
une di . de	la co . fiture	une e . veloppe
une colo . be	le ci . tre	la ca . pagne

Gn ou n

1 Complète les dessins par (gn) ou (n).

de la pei....e

un champi....on

une bai....oire

des cor.....es

une si.....ature

gui.....ol

une épi.......e

la monta.....e

2 Fais-toi dicter les mots ou complète les seul par GN ou N.

un rossi.........ol	le pei..........e	un compa........on
un re........ard	la vi...........e	mi..........uit
une arai......ée	le cy............e	la campa..........e
la fari...........e	un a.......imal	la ......ari..........e
le si............al	la limo.......ade	la cigo............e

3 Lis les phrases. Complète-les avec les mots proposés.

lignes - châtaignes - poignée - saigne - cogné.

Papa change la .... de la porte.

Elle écrit sur les .... de son cahier.

Il s'est ....la tête.

Il est tombé, il ....au genou.

Il ramasse des ....dans les bois.

Le son [o]

1 Entoure les lettres qui font le son (o), écrit (o) ou (au) ou (eau).

une auto	le piano	un bateau
une école	un tableau	un numéro
un veau	aujourd'hui	une cloche
une gaufre	une poche	un marteau
sauvage	une bobine	mauve

2 Écris les mots dans la colonne qui convient.

	Le son (o) s'écrit		
	o	**au** au début ou au milieu du mot	**eau** à la fin du mot
un chapeau, un stylo, l'épaule, un drapeau, un domino, un saumon, l'oiseau, le défaut, l'autoroute			

3 Fais-toi dicter les mots ou complète-les seul par AU ou EAU.

un cad...........	la g.........che	un ann...........
un ....tocar	ma ch.....ssure	p.........vre
le bur...........	le mant.........	un chât.............
une f.........te	j.........ne	un t......r..........

eu-eur-oeur-oeu-ieu

1 Classe les mots dans les bonnes colonnes.

un œuf - le milieu - une fleur - jeudi - bleu - l'heure - la manœuvre
ma sœur - vieux - le pneu - un acteur - une œuvre - la couleur
un nœud - sérieux - monsieur - le voleur - la chaleur - un bœuf
le cœur - dieu - le feu.

eu	eur

oeur	oeu	ieu

2 Réponds aux questions.

Qui chante ? ➜ un ....
Qui danse ? ➜ un ....
Qui pêche ? ➜ un ....
Qui vend ? ➜ un ....
Qui coiffe ? ➜ un ....
Qui conduit ? ➜ un ....

in-im-ain ou ein

1 **Classe les mots dansles bonnes colonnes. Choisis-en trois par colonne et recopie-les deux fois sur une autre feuille.**
Fais-les toi dicter par un adulte.

in	im	ain	ein
....	....	....	....
....	....	....	....
....	....	....	....
....	....	....	....
....	....	....	....
....	....	....	....
....	....	....	....
....	....	....	....
....	....	....	....

le refrain - le lapin - impossible - vingt - la crainte - les reins - l'imprimerie - un brin - peindre - un saint - du pain - le chemin - un timbre - une ceinture - improviser - éteindre - plein - une timbale - un requin - une dinde - le frein - la fin - des grains - important - un bain - il grimpe - atteindre - un train

2 **Reconstitue le mot à partir des syllabes ou des lettres données. Ajoute** *un* **ou** *une.*

1. bre tim ....
2. tin pa ....
3. no pia ....
4. c i e n h ....
5. din jar ....
6. tu pein re ....

Le son [é]

Le son [é] peut s'écrire :

é	er	ée	ez
un h**é**risson r**é**ussir	À la fin du mot : le bouch**er** coup**er**	À la fin du mot : une dict**ée**	À la fin du mot : ch**ez** vous écout**ez**
⚠ **ET** ➜ Il mange **et** il boit.			

1 Recopie les mots dans lesquels tu entends [é].

regarder - un robinet - assez - le boucher - mercredi - la santé - les invités - une barrière - un calendrier - un manège.

....

....

2 Classe les mots dans le tableau.

é	ée	er	ez

un escalier - un rocher - le marché - la rentrée - une fée - arriver - la soirée - assez - vous trouvez - un vélo - mon nez - du café.

3 Fais-toi dicter les mots par un adulte, ou complète - les seul par É, ER, ÉE, IER ou EZ.

parl	ch.............	navigu...............
un cloch	un prun...........	une cl...............
de la pur............	une pinc...........	une ....cole
vous particip.......	du pap..............	le bouch..........
des pav...........s	vid................	une araign...........

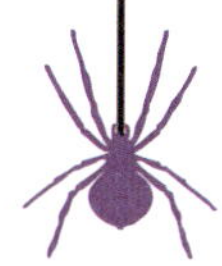

4 Écris une phrase avec les mots proposés.

a) été - nager. ➜ ....

b) jardinier - arroser. ➜ ....

c) cahier - école - copier. ➜ ....

5 Trouve la réponse à ces devinettes.

a) La saison après le printemps ➜ ....

b) Elle a une baguette magique ➜ ....

c) L'arbre qui porte des pommes ➜ ....

d) Elles illuminent le ciel ➜ les ....

Le son [è]

Le son [è] peut s'écrire :

è	ê	e	ai ou ei	et
ma m**è**re la vip**è**re	une cr**ê**pe la p**ê**che	➜ Devant une double consonne : raqu**e**tte ➜ À l'intérieur d'une syllabe, entre deux consonnes : du s**e**l.	du l**ai**t de la p**ei**ne	le tabour**et** un poul**et**

1 **Colorie les cases qui contiennent le graphème indiqué au début de chaque ligne.**

è	zèbre	mètre	bête	pièce	fontaine	fée
et	céder	navet	forêt	paquet	château	gilet
ai	élève	air	poire	balai	déjà	paire
ê	chêne	gâteau	tempête	guêpe	béton	père
e	veste	escargot	valise	sifflet	fenêtre	crème
ei	sève	neige	brève	reine	veine	juillet

2 **Entoure les ⓔ qui se prononcent {è} puis classe les mots.**

une adresse - avec - la lecture - la princesse - un chef - une échelle
la ferme - du caramel.

a) **e** devant une double consonne : ....

b) **e** à l'intérieur d'une syllabe, entre deux consonnes : ....

....

3

è → è ?   è → e ?

Coupe le mot en syllabes. Place l'accent si c'est nécessaire et recopie le mot.

Exemple : **merle**	mer	le	→	merle
frère	frè	re	→	frère
ferme			→	....
bec			→	....
levre			→	....
pere			→	....
hiver			→	....

4

Fais-toi dicter les mots, ou complète-les seul par *è* ou *e*.

un tunn . l
une rivi . re
une nois . tte
une fl . che
un v . ston

la m . r
une ch . vre
une éch . lle
une p . rle
un r . staurant

5 **Fais-toi dicter les mots, ou complète les seul, par : EC - EL - ER - ES - EF - EP.**

M..........credi, je partirai à la m............ .

Il est tombé dans les ....caliers.

Nous traversons un long tunn.............. .

Le b........ du m.........le est jaune.

Je fais de gros ....forts en classe.

La vipère est un r.........tile.

Observe

au masculin	au féminin
et ➜ un paqu**et** **el** ➜ le ci**el** **es** ➜ le v**es**tiaire **er** ➜ du f**er**	**ette** ➜ la brou**ette** **elle** ➜ la poub**elle** **esse** ➜ la polit**esse** **erre** ➜ la s**erre**

6 **Qui suis-je ? Remets les lettres en ordre pour trouver la réponse. Ajoute** ***un*****,** ***une*** **ou** ***des*****.**

a) Je me pose au dessus d'un pot.
e c l o u v e c r ➜ ....

b) Je porte bonheur et suis rouge à points noirs.
l c o c e l c i n e ➜ ....

c) Il y en a six dans l'alphabet.
s e v l o y e l ➜ ....

d) Elles annoncent le printemps.
i e o d l e s h r n l ➜ ....

e) Elle habite Paris.
a r i n e p i s n e ➜ ....

ian-ieu-ien-ion

1 Complète les dessins avec ian - ieu - ien - ion.

un ch . . .

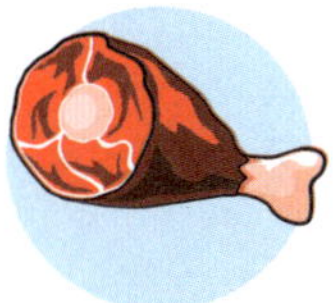
de la v . . . de

c'est délic . . . x

un av . . .

un tr . . . gle

un l . . .

un ind . . .

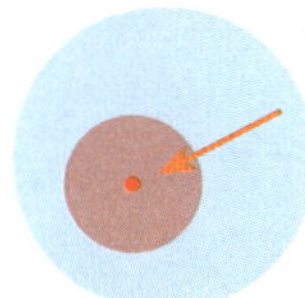
le mil . . .

2 Barre la syllabe qui ne convient pas. Complète le mot et recopie-le.

a) un cam . . . (ion / ian)

....

b) la télévi . . . (sian / sion)

....

c) capri . . . x (cieu / cien)

....

d) un magi . . . (cieu / cien)

....

e) une fr . . . dise (ian / ieu)

....

f) le pharma . . . (cian / cien)

....

ui - ia - ié - iè - io - ée
ion - ier - ie

Lis bien les mots à haute voix avant de les compléter.

1 Complète les mots avec :

ui - ia - ié - iè - io - ée - ion - ier - ie

des t . . les
un d . . ble
la moit . .
un char . . t
la riv . . re
un parapl . . e
un bisc . . t
une cafet . . re
une mom . .

un p . . ge
une p . . che
une poign . .
une poup . .
une soup . . re
un p . . ts

un av . . .
un mend . . nt
un boucl . . .
un cah . . .
un cam . . .
un p . . .
un calendr . . .
un chandel . . .
un jardin . . .

un tr . . ngle
un polic . . .
une toup . .
une f . .
un v . . lon
un p . . no

2 Recopie les mots avant de te les faire dicter.

La lettre x

1 Lis les mots puis classe-les suivant le son que tu as lu.

deuxième - la boxe - heureux - six - une noix - un taxi
soixante - une excuse - un exemple - exactement - dix
dixième - les yeux - les exercices - dix-huit

x = ks → ....
....

x = gs → ....
....

x = z → ....
....

x = s → ....
....

x = lettre muette → ....
....

2 Entoure le son (x) que l'on n'entend pas.

la paix - un exemple - une taxe - des genoux

une croix - les ciseaux - des oiseaux

un xylophone - un axe

y = i ou y = i+i

Classe dans la bonne colonne.

un crayon - un stylo - un pyjama - une syllabe - un paysan
un tuyau - il balaye - la gymnastique - mon pays
une bicyclette - une analyse - un jury - les yeux
une voyelle - un voyageur - un paysage

Ex : Yvonne **un rayon**

= i **= rai - on**

y = i	y = i+i
....	....
....	....
....	....
....	....
....	....
....	....
....	....
....	....
....	....
....	....

Prépare une dictée de mots en les recopiant trois fois. Fais-les toi dicter par un adulte.

Tion

Attention! ti = si

Trouve 5 mots contenant TION et écris-les.

res	cu	pli	ca	tion
pu	pi	la		
mul	ti	ta		
a	ni	a		
cir	vi	ma		
ré	cré	ra		
in	bi			
ha				

....

....

....

....

....

....

....

....

....

ail – aille – eil – eille – ouil
ouille – eil – euille – euil – ill

1 **Ajoute le son qui manque. Cherche 2 mots qui reprennent ce son et écris-les.**

1.

une jonqu.........

....

....

2.

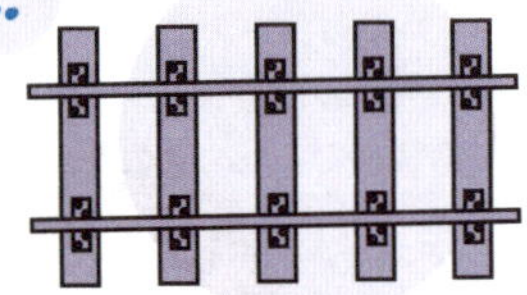

un r...................

....

....

3.

une bout...........

....

....

4.

une f................

....

....

5.

une méd..........

....

....

6.

une gren...........

....

....

7.

un écur.............

....

....

8.

le sol.................

....

....

9.

un pap............on

....

....

Les mots invariables

Recopie deux fois chacun de ces mots invariables.

dans ....
alors ....
assez ....
avant ....
bien ....
bientôt ....
déjà ....
dix ....
huit ....
il y a ....
loin ....
maintenant ....
mais ....
neuf ....
parfois ....
plus ....
près ....
quatre ....
qui ....
rien ....
sous ....
très ....
voici ....

quand ....
aussi ....
avec ....
chez ....
cinq ....
deux ....
devant ....
fois ....
hier ....
ici ....
jamais ....
lui ....
moins ....
mois ....
nous ....
vous ....
pas ....
puis ....
que ....
sept ....
six ....
toujours ....
trois ....
voilà ....

Les lettres muettes

1 **Écris le mot en gras et entoure la lettre muette.**

a) Tom a perdu une **dent**. ....
b) Ce pantalon est **blanc**. ....
c) Un nuage tout **gris**. ....
d) Du **mauvais** temps. ....
e) Un **gros** jambon. ....
f) Attention au **grand méchant loup** ! ....

2 **Complète comme dans l'exemple.**

a) La feuille est verte. Le légume est vert.
b) L'eau est froide. Le glaçon est ....
c) La piscine est chaude. Le bain est trop................
d) Cette fille est bavarde. Ce garçon est ....
e) La file est longue. Le film est ....

3 **Trouve la dernière lettre du mot en cherchant un mot de la même famille.**

Ex : du chocola**t** un chocolatier

du lai . ... le do . ...
un enfan . ... le spor . ...
un cha . ... le toi . ...
un frui . ... le ven . ...

Exercices récapitulatifs

Ajoute le son qui convient.

des ét..........les	un act..........	un b.........sson
la ban..........e	des ......erises	un serp.........t
la pr..........rie	un pn.........	la bal.........ne
un bouch.........	des ch........ssures	un b............
la vend..........se	une m..........	la sonn..........
la p........pée	la c........sine	la puni............
le ba..........ar	une f............	une ma.........ine
le briqu..........	ma s..............	le ferm............
une pl..........che	l'ép............le	un t...........bour
des pouss.........s	un ann..........	une hirond..........
les ....ares	la t................	le ....obe

Copie ces mots plusieurs fois. Demande à un adulte de te les dicter.

et ou est

👂 é ➜ 👀 **et**

Le chat **et** le chien

👂 è ➜ 👀 **est**

Le chat **est** sur le mur

1 Lis les phrases et entoure le mot juste.

Le chat **et/est** un animal.

Il **et/est** fâché.

Luc **et/est** Julie.

Il **et/est** revenu tôt.

La poire **et/est** la pomme.

Il joue **et/est** il rit.

2 Complète les phrases en écrivant ET ou EST.

David .... un bon élève.

Le pilote.............son ami sont fatigués.

Il a mangé une banane........un kiwi.

Le lièvre............. rapide.

Marie .... sa mère sont parties ensemble.

Papa prépare des frites.......... de la salade.

Sami............l'élève assis près de la porte.

3 Invente une petite phrase avec :

et ➜ ....

est ➜ ....

Le pluriel des noms

Une

une / la → poule

Plusieurs

des / les → poule**s**

Un

un / le → poisson

Plusieurs

des / les → poisson**s**

l'arbre 

 les arbres 

un
une
↓
DES

le
la
l'
↓
LES

1 Relie comme il convient. Utilise une couleur différente pour chaque mot.

un élève •	• **singulier** •	• l'école
des momies •		• des formes
le film •	• **pluriel** •	• de la crème
les tartines •		• une nuit

2 Relie.

l'île •	• les parapluies
le parapluie •	• des îles
une île •	• des parapluies
un parapluie •	• les îles

3 Mets les mots au pluriel. Attention aux petits compagnons du nom.

une chatte ➜ ....
le renard ➜ ....
un pull ➜ ....
l'homme ➜ ....
un crustacé ➜ ....

la tulipe ➜ ....
une photo ➜ ....
le dé ➜ ....
la sirène ➜ ....
l'ami ➜ ....

4 Mets les mots au singulier. Attention aux petits compagnons du nom.

des livres ➜ ....
des sardines ➜ ....
les haricots ➜ ....
des habits ➜ ....
les fenêtres ➜ ....

les nids ➜ ....
des autos ➜ ....
les forêts ➜ ....
les hélicoptères ➜ ....
des cornes ➜ ....

5 Corrige les erreurs s'il y en a.

des bouée ➜ ....
une pralines ➜ ....
les rat ➜ ....
l'anorak ➜ ....
la salles ➜ ....

les rues ➜ ....
la villes ➜ ....
les lits ➜ ....
les vague ➜ ....
des épine ➜ ....

Retiens !

un ours ➜ **des** ours

un nez ➜ **des** nez **x, y, z ➜ x, y, z**

le prix ➜ **les** prix

6 Écris les mots au pluriel.

le gaz ➜ ……………………

un lilas ➜ ……………………

le repas ➜ ……………………

un refus ➜ ……………………

l'avis ➜ ……………………

un débris ➜ ……………………

7 Écris les mots au singulier.

les os ➜ ……………………

des noix ➜ ……………………

les bras ➜ ……………………

les lois ➜ ……………………

des cas ➜ ……………………

les gros ➜ ……………………

8 Corrige les erreurs s'il y en a.

les bass - des biscuits - des matelass - les loups - les prixs - les lilass - des tuiles - des souriss - des nezs - les tortues - des pas - les tâches

9 Entoure les mots qui restent invariables au pluriel.

le calcul - l'os - un radis - la balle - un chat - le héros - un dos - l'harmonica- un bras - le paradis

10 Relie comme il convient.

11 Barre les mots qui ne vont pas avec les noms soulignés.

Mes / Mon > amis sont dans la cour.

La / Les > canaris chantent.

Ces / Cette > table est rangée.

Ton / Tes > parents sont partis.

Les majuscules

1 **Écris la lettre majuscule en face de la lettre minuscule.**

d	....	f	....
l	....	a	....
j	....	m	....
o	....	r	....
t	....	u	....
k	....	v	....
s	....	i	....
b	....	e	....
x	....	p	....
h	....	y	....
q	....	w	....
c	....	z	....
n	....	g	....

2 **Entoure d'une même couleur les lettres identiques.**

F F n i f f i l L r R N r A a N b R A i a l h b H n h I l B H

3

Trouve un prénom de fille ou de garçon, ou d'une ville, ou d'un pays, … qui commence par chacune des lettres de l'alphabet. N'oublie pas d'écrire la majuscule ! Ce sont des "noms propres".

a ....

b ....

c ....

d ....

e ....

f ....

g ....

h ....

i ....

j ....

k ....

l ....

m ....

n ....

o ....

p ....

q ....

r ....

s ....

t ....

u ....

v ....

w ....

x ....

y ....

z ....

Corrigés

Page 3 Joue avec l'alphabet.

1. W

2.

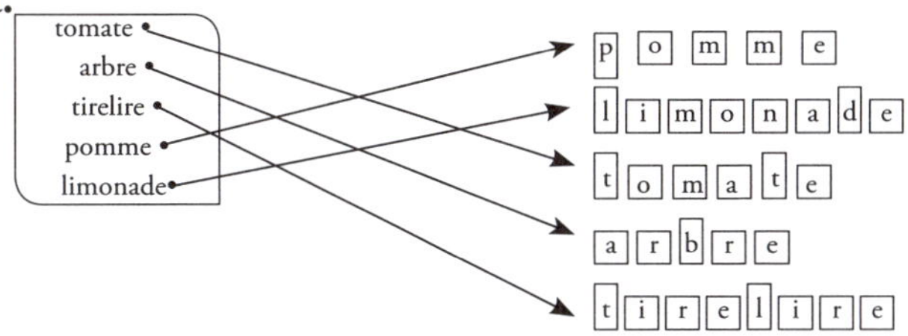

Page 4 Les syllabes.

) lit 1 / cochon 2 / tableau 2 / genou 2 / pyjama 3 / kangourou 3 / parasol 3 / baleine 3 / dromadaire 4 / carabine 4 / oiseau 2 / hélicoptère 5.

) crocodile - frère - gomme - casserole - lettre - tartine - pot - nénufar - vache - automobile - salle - limonade.

Page 5 Les voyelles.

chat - soleil - lit - lapin - pipe - calcul - porte - jupe - banane - salade - fenêtre - navire - barrière - limonade - cheminée - rivière - crocodile - enveloppe - calculatrice - hélicoptère.

Page 6 Lettres manquantes.

samedi - l'école - une bête - la piste - la cafetière - ma mère - une robe - le lézard - une jupe - la salade - un soldat - un navire - un kilo - un cheval - une pluie - un renard.

Page 7 Les lettres de l'éléphant.

1. À corriger par un adulte.

Page 8 Les accents sur le (e).

) **é** > une étoile - un écureuil **è** > une chèvre - un zèbre **ê** > la forêt - une tête

) Son frère se promène près du musée. - Ma mère a bu du café et du thé. - La fée et la sirène sont dans la forêt. - Il s'est amusé à la fête de l'école. - Valérie a vu un drôle de lièvre en rêve.

Page 9 Le-la-l'.

) **le** vélo - **l'**huile - **l'**épée - **la** mère - **l'**horoscope - **la** tortue - **le** hibou - **l'**animal - **la** fusée - **l'**armure - **l'**élève - **l'**écharpe - **la** minute - **l'**os - **le** renard.

) **l'**âne - **l'**usine - **la** vache - **le** livre - **l'**écharpe - **l'**école - **l'**or - **le** frère - **l'**horloge - **le** vase.

Page 10 Br, cr, dr, tr, fr…

) une vitrine - ma cravate - un abricot - une grenouille - un livre - un prix - un dragon - le bras - un cadre - une lettre - une chèvre - une fraise

) a ➜ tor / b ➜ cro / c ➜ pru / d ➜ dra / e ➜ gra.

Page 11 Bl, cl, gl, fl, pl…

) un plumier - une clé - un sanglier - la flamme - une fleur - un cartable - un parapluie - la glace - du sable - une cloche - un clou - une flèche.

) a) **la classe** b) **la plume** c) **la règle** d) **le sable** e) **la table**

Page 12 M ou N.

1) **En rouge** : la main - la moustache - le mouton - la mer.
En bleu : la banane - la nappe - le caniche - le nuage.

2) une cor**n**e - un **n**id - ma **m**ère - la fari**n**e - le **n**avire - une **m**o**m**ie - une lar**m**e - un **m**ur - un â**n**e - le la**m**a - une po**mm**e - la **m**ar**m**ite - il **m**ur**m**ure - un a**n**i**m**al - le **m**e**n**u.

3) a) le numéro b) la plume c) un ananas d) une moto.

Page 13 F ou V.

1) **f**ée - **f**lèche - che**v**al - élè**v**e - **v**élo - **f**raise - **f**usée - lè**v**res.

2) une ri**v**ière - de la **f**arine - le na**v**ire - la **v**alise - un rê**v**e - le **f**ossé - la **f**umée - le li**v**re - la re**v**ue.

3) for ➜ rêt. - li ➜ vre. - for ➜ me. - fê ➜ te. - ri ➜ ve.
La **fête** des mères. - Une **forme** ovale. - La **rive** de la rivière. - Se promener dans la **forêt** - lire un **livre**.

Page 14 B ou P.

1) **Entoure** : un bateau - un banc - un bébé - une bouteille.
Souligne : un papillon - le panier - le lapin - un poisson.

2) une **p**ile - une **b**alle - une ro**b**e - la **p**arole - un sa**b**ot - un ro**b**ot - une **p**omme - un ar**b**re - une é**p**ée - un lava**b**o - **p**ro**p**re - une vi**p**ère - une **b**re**b**is - le re**p**os - la **b**ar**b**e.

3) À corriger par un adulte.

Page 15 T ou D.

1) la voiture - une tortue - une tomate - un divan - un drapeau - un trèfle - un cadre - une fenêtre.

2) une flû**t**e - une cor**d**e - une **t**irelire - de la sala**d**e - la **t**ulipe - rapi**d**e - la fê**t**e - le **d**os - la mé**t**éo - une ra**d**io - une **t**or**t**ue - un sol**d**at - une tart
- un **d**omino - une **t**oma**t**e.

3) 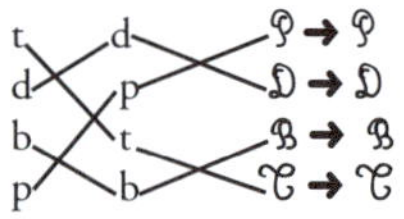

Page 16 J ou ch.

1) la va**ch**e - le co**ch**on - l'autru**ch**e - la **ch**ouette - le **ch**at - la **j**upe

2) un **ch**eval - **j**oli - une **ch**emise - du **ch**ocolat - la **j**etée - il mi**j**ote - un **ch**at - le py**j**ama - il a**j**uste - ma capu**ch**e - du **j**us - un **ch**ariot - dé**j**à - la ma**ch**ine - un **j**eton.

3) chèvre - juste - bûche - biche - chêne - juré.

Page 17 C, q et k.

1) **c** : une caméra - un canard - un lac - la carotte - une crêpe.
q : une barque - un disque - un pique-nique - quatre - la qualité.
k : le képi - le kilomètre - un klaxon - un anorak - un kilo.

2) une équipe - un cube - un kimono - une brique - une culotte - un koala - la locomotive - un masque - un sac - le ski - un coq - un kiwi - une flaque - le cirque - du moka.

Page 18 C ou g.

1) **c**adeau - **g**azon - **g**orille - **g**âteau - auto**car** - rè**gle** - **gri**ffe - **cas**que.

2) une **c**orde - un **c**rayon - une **g**omme - une ri**g**ole - du **c**afé - une rè**g**le - un fri**g**o - une sa**c**oche - une vir**g**ule - une **c**loche - une **c**ruche - ma fi**g**ure - du su**c**re - la **g**amine - un **c**al**c**ul.

3) a) le légume b) le cartable c) le coquelicot d) la carabine.

Pages 19 et 20 Les sons g doux et g dur.

1) **g doux** : girafe - singe - bougie - genou.
g dur : grue - grippe - garderie - gamine.

2) la guitare - des légumes - un nuage - une cage - du muguet - un gamin - une image - les vagues - l'orage - un igloo - un garage - le guidon - un ange - une guèpe - la gomme - une éponge.

3) 1. une bague 2. une orange 3. la gare 4. la guirlande 5. la guenon.

Pages 21 et 22 Les sons c doux et c dur.

1) **En rouge** : la place - la façade - une puce - une cerise - la police - un citron - une leçon - la cire - féroce - une farce - le cinéma - une grimace.
En bleu : le lac - l'école - une casserole - une caméra - une caravane - un crabe - le cube - un coq - Caroline.

2) épicerie/glace/copie/cinéma/carte/cirque/école/pince.
c = k ➜ copie, carte, école.
c = s ➜ épicerie, glace, cinéma, cirque, pince.

3) une **c**orde - un gla**ç**on - la lima**c**e - le ma**ç**on - un **c**arré - un gar**ç**on - un sa**c** - il a re**ç**u - du choco**l**at - une fa**ç**ade - la balan**ç**oire - un **c**ostume - le **c**al**c**ul - de la **c**rème - un lima**ç**on.

4) **ce ou que ?** une bara**que** - une pu**ce** - du dentifri**ce** - le cir**que** - une lima**ce** .
ci ou qui ? un li**qui**de - un **ci**tron - un es**qui**mau - fa**ci**le - de la **ci**re.

Page 23 F ou PH.

1) un télé**ph**one - une **f**lèche - l'al**ph**abet - une **f**lûte - l'orthogra**ph**e - un **ph**are - le **f**ilm - une **ph**armacie - la **f**ormule - un saxo**ph**one - un **ph**énomène - une **ph**rase - une ra**f**ale - du ca**f**é - un dau**ph**in - un si**ph**on - le **f**ossé - un **ph**otogra**ph**e.

2) figure (oui) - phoque (non) - téléphone (oui) - nénufar (oui) - fenêtre (oui) - éléphant (oui).

Pages 24 et 25 Le son [s].

1) **Entoure** : la fraise - un vase - un dinosaure - la maison - du raisin.

2) Je vois s, j'entends s : sardine - soldat - sucre - sel - souris - costume.
Je vois s, j'entends z : blouse - rosée - poésie - case - rasoir.
Je vois s, je n'entends rien : radis - bois - arbres - souris - brebis.

3) mon voi**s**in - la mu**s**ique - la cha**ss**e - une cho**s**e - une bo**ss**e - l'u**s**ine - la cla**ss**e - du mimo**s**a - un de**ss**in - la vali**s**e - une gli**ss**ade - un profe**ss**eur - l'égli**s**e - du ti**ss**u - une chemi**s**e.

4)
ta — sse
cha — se
pare — sse
bi — se

remi — se
médu — se
bo — sse
mou — sse

5) un **z**èbre - la cui**s**ine - **z**orro - un oi**s**eau - le ga**z**on - ma fu**s**ée - sei**z**e - un lé**z**ard - une pri**s**on - le ba**z**ar - une ga**z**elle - une chai**s**e - une vi**s**ite - dou**z**e - la pelou**s**e.

Pages 26 et 27 Ou-oi-in-on-eu

1) 1. on - 2. in - 3. ou - 4. oi - 5. oi - 6. ou - 7. on - 8. in - 9. in - 10. oi - 11. on - 12. on et ou - 13. ou - 14. on - 15. oi - 16. ou et in - 17. ou et in - 18. oi et on - 19. ou et on - 20. ou.

2) a) plante - dimanche - tante. b) boule - route - soupe. c) monde - réponse - confiture. d) voile - devoir - poivre.
e) chemin - dinde - marin. f) pneu - jeudi - heure.

Page 28 An-en.

1) **an** : un fantôme - un toboggan - une orange - dans - mon banc.
en : enfin - une pendule - un serpent - de l'essence - mes parents.

2) 1. le pantalon 2. la tente 3. l'argent 4. le volant 5. le vêtement 6. la branche.

3) a) l'enveloppe b) de l'essence c) la jument d) le dentiste e) le vent.

Page 29 N ➜ m b / p

1) un timbre - un calendrier - un dindon - une tempête - une lampe - une montre - une trompe - une danseuse.

Découvre la règle. **n ➜ M devant p et b.**

2) le de**n**tiste - une a**m**poule - une répo**n**se - dima**n**che - une di**n**de - une colo**m**be - il gri**m**pe - un ta**m**bour - la po**m**pe - un tre**m**plin - la co**n**fiture - le ci**n**tre - une ja**m**be - i**m**possible - la te**m**pérature - nove**m**bre - une e**n**veloppe - la ca**m**pagne.

Page 30 Gn ou N.

1) de la peine - un champignon - une baignoire - des cornes - une signature - guignol - une épine - la montagne.

2) un rossi**gn**ol - un re**n**ard - une arai**gn**ée - la fari**n**e - le si**gn**al - le pei**gn**e - la vi**gn**e - le cy**gn**e - un a**n**imal - la limo**n**ade - un compa**gn**on - mi**n**uit - la campa**gn**e - la **n**arine - la cigo**gn**e.

3) Papa change la **poignée** de la porte. - Elle écrit sur les **lignes**. - Il s'est **cogné** la tête. - Il est tombé, il **saigne** au genou. - Il ramasse des **châtaignes** dans les bois.

Page 31 Le son [o].

1) une auto - une école - un veau - une gaufre - sauvage - le piano - un tableau - aujourd'hui - une poche - une bobine - un bateau - un numér
une cloche - un marteau - mauve.

2) **o** : un stylo - un domino - l'autoroute.
au : l'épaule - un saumon - le défaut - l'autoroute.
eau : un chapeau - un drapeau - l'oiseau - défaut.

3) un cad**eau** - un **au**tocar - le bur**eau** - une f**au**te - la g**au**che - ma ch**au**ssure - le mant**eau** - j**au**ne - un ann**eau** - p**au**vre - un chât**eau** - un t**au**r**eau**.

Page 32 Eu-eur-oeur-oeu-ieu.

1) **eu** : jeudi - bleu - le pneu - le feu.
eur : une fleur - un acteur - la couleur - le voleur - la chaleur - l'heure.
oeur : ma soeur - le coeur.
oeu : un oeuf - la manoeuvre - une oeuvre - un noeud - un boeuf.
ieu : le milieu - vieux - sérieux - monsieur - dieu.

2) 1. un chanteur 2. un danseur 3. un pêcheur 4. un vendeur 5. un coiffeur 6. un conducteur.

Page 33 In - im - ain - ou ein.

1) **in** : le lapin - vingt - un brin - le chemin - un requin - une dinde - la fin.
im : impossible - l'imprimerie - un timbre - improviser - une timbale - important - il grimpe.
ain : le refrain - la crainte - un saint - du pain - des grains - un bain - un train.
ein : les reins - peindre - une ceinture - éteindre - plein - le frein - atteindre.

2) 1. un timbre. 2. un patin. 3. un piano. 4. un chien. 5. un jardin. 6. une peinture.

Pages 34 et 35 Le son [é].

1) regarder - assez - le boucher - la santé - les invités - un calendrier.

2) **é** : le marché - un vélo - du café.
ée : la rentrée - une fée - la soirée.
er : un escalier - un rocher - arriver.
ez : assez - vous trouvez - mon nez.

3) parl**er** - un cloch**er** - de la pur**ée** - vous particip**ez** - des pav**é**s - ch**ez** - un pruni**er** - une pinc**ée** - du papi**er** - vid**er** - navigu**er** - une clé - une **é**cole - le bouch**er** - une araign**ée**.

4) À corriger par un adulte.

5) a) l'été b) une fée c) un pommier d) les étoiles.

Pages 36 à 38 Le son [è].

1) **è** : zèbre - mètre - pièce.
et : navet - paquet - gilet.
ai : air - balai - paire.
ê : chêne - tempête - guêpe.
e : veste - escargot.
ei neige - reine - veine.

2) a) une adresse - la princesse - une échelle.
b) avec - la lecture - un chef - la ferme - du caramel.

3)

ferme	**fer**	**me**	➜ ferme
bec	**bec**		➜ bec
levre	**le**	**vre**	➜ lèvre
pere	**pe**	**re**	➜ père
hiver	**hi**	**ver**	➜ hiver

) un tunnel - une rivière - une noisette - une flèche - un veston - la mer - une chèvre - une échelle - une perle - un restaurant.

) Mercredi, je partirai à la **mer**. - Il est tombé dans les **es**caliers. - Nous traversons un long tunn**el**. - Le b**ec** du m**er**le est jaune. - Je fais de gros **ef**forts en classe. - La vipère est un **rep**tile.

) a) un couvercle b) une coccinelle c) des voyelles d) des hirondelles e) une parisienne.

Page 39 Ian-ieu-ien-ion.

) un chien - de la viande - c'est délicieux - un avion - un triangle - un lion - un indien - le milieu.

) a) un camion b) la télévision c) capricieux d) un magicien e) une friandise f) le pharmacien.

Page 40 Ui-ia-ie-io-ée-ion-ier-ie...

es t**ui**les - un d**ia**ble - la moit**ié** - un char**io**t - la riv**iè**re - le parapl**ui**e - un bisc**ui**t - la cafet**iè**re - une mom**ie** - un p**iè**ge - une p**io**che - une poign**ée** - une poup**ée** - une soup**iè**re - un p**ui**ts - un av**ion** - un mend**ia**nt - un boucl**ier** - un cah**ier** - un cam**ion** - un p**ion** - un calendr**ier** - un chandel**ier** - un jardin**ier** - un tr**ia**ngle - un polic**ier** - une toup**ie** - une f**ée** - un v**io**lon - un p**ia**no.

Page 41 La lettre x.

) **x = ks** ➜ la boxe - un taxi - une excuse.
x = gs ➜ un exemple - exactement - les exercices.
x = z ➜ deuxième - dixième - dix-huit.
x = s ➜ six - soixante - dix.
x = lettre muette ➜ heureux - les yeux - une noix.

) la pai**x** - des genou**x** - une croi**x** - les ciseau**x** - des oiseaux.

Page 42 y=i ou y=i+i.

y=i ➜ un stylo - un pyjama - une syllabe - la gymnastique - une bicyclette - les yeux - une analyse - un jury.
y=i+i ➜ un crayon - un paysan - un tuyau - il balaye - mon pays - une voyelle - un voyageur - un paysage.

Page 43 Tion.

respiration - punition - multiplication - animation - circulation - récréation - invitation - habitation - aviation.

Page 44 Ail-aille-eil-eille-ouil-ouille-euil-euille-ill.

) 1) une jonquille 2) un rail 3) une bouteille 4) une feuille 5) une médaille 6) une grenouille 7) un écureuil 8) le soleil 9) un papillon.
➜ À corriger par un adulte.

Page 45 Les mots invariables.

À corriger par un adulte.

Page 46 Les lettres muettes.

) a) den(t) b) blan(c) c) gri(s) d) mauva(is) e) gro(s) f) gran(d) méchan(t) lou(p).

) a) vert b) froid c) chaud d) bavard e) long.

) du lait (laitier) - un enfan**t** (enfantin) - un cha**t** (chaton) - un frui**t** (fruité) - le do**s** (dossier) - le spor**t** (sportif) - le toi**t** (toiture) - le ven**t** (ventilateur).

Page 47 Exercices récapitulatifs.

es ét**oi**les - la ban**que** - la pr**ai**rie - un bouch**er** - la vend**euse** - la p**ou**pée - le bazar - le briqu**et** - une pl**an**che - des pouss**ins** - les **ph**ares - un act**eur** - des cerises - un pn**eu** - des ch**au**ssures - une m**ain** - la c**ui**sine - une f**ille** - ma s**oeur** - l'ép**au**le - un ann**eau** - la **table** - un buisson - un serp**ent** - la aleine - un b**ec** - la sonne**tt**e - la puni**tion** - une ma**ch**ine - le ferm**ier** - un **tam**bour - une hirond**elle** - le **gl**obe.

Page 48 ET ou EST.

) Le chat et (est) un animal. - Il et (est) fâché. - Luc (et) est Julie. - Il et (est) revenu tôt. - La poire (et) est la pomme. - Il joue (et) est il rit.

) 1) est 2) et 3) et 4) est 5) et 6) et 7) est.

) À corriger par un adulte.

Pages 49 à 52 Le pluriel des noms.

1) Singulier ➜ un élève - le film - l'école - de la crème - une nuit.
Pluriel ➜ des momies - les tartines - des formes.

- l'ile — les iles
- le parapluie — les parapluies
- une ile — des iles
- un parapluie — des parapluies

3) une chatte➜ **des chattes** - le renard ➜ **les renards** - un pull ➜ **des pulls** - l'homme ➜ **les hommes** - un crustacé ➜ **des crustacés** - la tulipe ➜ **les tulipes** - une photo ➜ **des photos** - le dé ➜ **les dés** - la sirène ➜ **les sirènes** - l'ami ➜ **les amis.**

4) des livres ➜ **un livre** - des sardines ➜ **une sardine** - les haricots ➜ **le haricot** - des habits ➜ un **habit** - les fenêtres ➜**la fenêtre** les nids ➜ **le nid** - des autos ➜ **une auto** - les forêts ➜ **la forêt** - les hélicoptères ➜ **l'hélicoptère** - des cornes ➜ **une corne.**

5) des bouée ➜ **des bouées** - une pralines ➜ **une praline** - les rat ➜ **les rats** - l'anorak ➜ **l'anorak** - la salles ➜ **la salle** - les rues ➜ **les rues** - la villes ➜ **la ville** - les lits ➜ **les lits** - les vague ➜ **les vagues** - des épine ➜ **des épines.**

6) le gaz ➜ **les gaz** - un lilas ➜ **des lilas** - le repas ➜ **les repas** - un refus ➜ **des refus** - l'avis ➜ **les avis** - un débris ➜ **des débris**

7) les os ➜ **l'os** - des noix ➜ **une noix** - les bras ➜ **le bras** - les bois ➜ **le bois** - des cas ➜ **un cas** - les gros ➜ **le gros.**

8) les bas - des biscuits - des matelas - les loups - les prix - les lilas - des tuiles - des souris - des nez - les tortues - des pas - les tâches.

9) le calcul - l'os - un radis - la balle - un chat - le héros - un dos - l'harmonica - un bras - le paradis

10) **le** ➜ carnard - chien - lion
la ➜ carotte - tomate.
l' ➜ étoile - oie - oeuf.
les ➜ cadeaux - bananes.

11) **Mes** amis sont dans la cour. **Cette** table est rangée. **Les** canaris chantent. **Tes** parents sont partis.

Page 53 Les majuscules.

1) À corriger par un adulte

2) **Entoure.**

F F f f	J i i i
A A a a	B B b b
N N n n	H H h h
R R r r	L l l l

3) À corriger par un adulte.